RECUEIL DES EDITS, DECLARATIONS ET ARRESTS DU CONSEIL, *CONCERNANT* LA FERME GENERALE DES REGRATS DE FRANCE.

A PARIS,
Chez GUILLAUME SAUGRAIN, à l'entrée du Quay de Gévres, du costé du Pont au Change, au Paradis.

DECLARATION DU ROY,

Donnée à Verſailles le ſix Juin 1685.

CONCERNANT LES REGRATS.

Regiſtrée en la Cour des Aydes le 18. deſdits mois & an.

LOUIS PAR LA GRACE DE DIEU, ROY DE FRANCE ET DE NAVARRE: A tous ceux qui ces preſentes Lettres verront, SALUT. La Vente du Sel à petites Meſures ayant de tout temps eſté autoriſée dans noſtre Royaume, & Terres de noſtre obeïſſance, pour la commodité de nos Sujets, & faiſant à preſent partie de noſtre Ferme generale des Gabelles, ſous le Titre de Ferme des Regrats, Nous avons par le IX. Titre de noſtre Ordonnance du mois de May 1680. reglé la maniere de la Regie, enſorte qu'entr'eux & nos Fermiers il n'y eut aucune conteſtation pour raiſon de ce; Mais depuis eſtant ſurvenu des differents entre quelques-uns de nos Sujets, noſtre Fermier general de nos Gabelles & ses Sous Fermiers des Regrats, sur l'interpretation de quelques Articles du Titre IX. de nostredite Ordonnance, dont les plaintes ont esté portées en nostre Conseil, Nous avons resolu d'y pourvoir. A CES CAUSES, de l'Avis de nostre Conseil, & de nostre certaine science, pleine puissance & autorité Royale, Nous avons dit & ordonné, & par ces presentes signées de nostre main, disons & ordonnons, voulons & nous plaist, en interpretant l'Article XI. du Titre IX. de nostre Ordonnance du mois de May 1680. que les Communautez, Convents, Colleges, Hôpitaux, Personnes Ecclesiastiques, Gentilshommes, Bourgeois des Villes & Bourgs, Hosteliers, Cabaretiers, Patissiers, Boulangers, Laboureurs & Vignerons, Proprietaires de Vignes, seront tenus de prendre le Sel dont ils auront besoin, tant pour le Pot & Salliere, que pour les grosses Salaisons dans les Greniers de nostre Ferme generale des Gabelles: Et à l'égard des journaliers & autres menus gens, voulons qu'ils ayent la liberté de prendre le Sel dans les Greniers ou aux Regrats, selon leur plus grande commodité; à la charge neantmoins que chacun desdits Particuliers ne poura prendre au Regrat plus d'un Boisseau de Sel à la fois dans l'étenduë du Grenier de Paris; & plus d'un Litron à la fois dans l'étenduë des autres Greniers: Faisons défenses à nostre Fermier des Gabelles & à ses Commis de comprendre en leurs avertissemens & publications lesdits journaliers & menus gens, & de leur faire faire aucuns Commandemens, ny donner aucunes Assignations pour les obliger d'aller aux Greniers si bon ne leur semble, à peine de nullité desdites Assignations, & d'amende: Défendons pareillement à ceux de nos Sujets qui s'associeront pour lever aux Greniers un Minot, Demy-Minot, ou un Quart de Minot de Sel, de s'associer avec autres que ceux de leur Paroisses; d'emporter ou faire emporter par l'un d'eux le Sel qu'ils auront pris par Association dans leur domicile, qu'au prealable ils n'en ayent fait le Partage à la porte du Grenier, à peine de trois cens livres d'amende: Défendons aussi aux Commis à la Recette des Greniers à Sel de la Ferme generale des Gabelles de France, de faire ou faire faire le Regrat, & de le prendre à Ferme sous noms interposez, à peine de revocation de leurs Emplois, & de mille livres d'amende. Si donnons en mandement à nos amez feaux Conseillers les Gens tenans nostre Cour des Aydes à Paris, que ces presentes ils ayent à faire registrer, & le contenu en icelles garder & observer selon leur forme & teneur; sans permettre qu'il y soit contrevenu en quelque sorte & maniere que ce soit; nonobstant tous Edits, Declarations, Arrests & Reglemens, à ce contraires, ausquels nous avons dérogé & dérogeons par cesdites presentes. CAR tel est nostre plaisir. Et afin que ce soit chose ferme & stable à toûjours, nous y avons fait mettre nôtre seel. DONNE' à Versailles le sixiéme jour de Juin, l'an de grace mil six cens quatre-vingt-cinq, & de nostre Regne le quarante-troisiéme. Signé, LOUIS, *A costé*, Veu au Conseil, LE PELLETIER. *Et sur le reply*, Par le Roy, COLBERT, & seellées du grand Seau de cire jaune.

Registrées en la Cour des Aydes, oüy le Procureur General du Roy, pour executées selon leur forme & teneur, & ordonné que Copies collationnées des presentes Lettres seront envoyées au Grenier à Sel du Ressort de ladite Cour, pour y estre leuës, publiées & registrées, l'Audience tenant : Enjoint aux Substituts dudit Procureur General ausdits Greniers à Sel, de certifier à la Cour de leurs diligences au mois. A Paris, les Chambres assemblées, le dix-huit Juin mil six cent quatre-vingt-cinq. Signé, DU MOLIN.

DECLARATION DU ROY.

Donnée à Versailles le vingt-cinq Novembre 1687.

Concernant le Sel délivré par Regrat, dans l'étenduë de la Ferme Generale des Gabelles de France.

Registrée en la Cour des Aydes le treize Decembre audit an.

LOUIS par la grace de Dieu, Roy de France & de Navarre : A tous ceux qui ces presentes Lettres verront; SALUT. L'application continuelle que nous donnons pour le bien de nostre Etat, nous a obligé de profiter du renouvellement des Baux de toutes nos Fermes, pour envoyer des Commissaires de nostre Conseil dans les Provinces & Generalitez de nostre Royaume, où les Gabelles, les Aydes, & autres droits ont cours, pour reconnoître les abus qui ont causé plus de plaintes dans le cours des Baux precedens, & les meilleurs moyens pour procurer l'avantage de nos Fermes & le soulagement de nos Sujets; à quoy ils ont travaillé à nostre entiere satisfaction: Et aprés en avoir rendu un compte exact dans nostre Conseil & en nostre presence, ils ont remis les Procés verbaux qu'ils ont dressé de leurs Visites; lesquels nous avons fait examiner en nostre Conseil, & nous avons reconnu qu'il s'est glissé beaucoup d'abus dans la Vente & Distribution du Sel, qui se fait par Regrat, en ce que les Mesures ne se sont pas trouvées certaines & de mesme continance dans chacun des Greniers à Sel, & que la repartition faite du Prix sur chacune Mesure par rapport les unes aux autres, n'estant pas juste, ceux qui sont obligez d'aller au Regrat en ont souffert; A quoy nous avons resolu de pourvoir, en rendant les Mesures égales & uniformes dans tous les Greniers, & le Prix fixé par rapport aux Mesures, & à ce que le Sel se vend en chacun Grenier: A CES CAUSES, & autres à ce nous mouvant, de l'avis de nostre Conseil, & de nostre certaine science, pleine puissance & autorité Royale, Nous avons dit & declaré, & par ces presentes signées de nostre main, disons, declarons, voulons & nous plaist, que l'Article II. du Titre de la Revente du Sel à petites Mesures de nostre Ordonnance du mois de May 1680. sur le fait des Gabelles, soit executé selon sa forme & teneur; & en consequence que le Sel sera vendu & distribué par Regrat dans l'étendue du Ressort du Grenier de Paris, au Boisseau, Demy Boisseau, Quart de Boisseau, Demy-quart de Boisseau; au Litron, Demy-Litron, Quart de Litron, Demy-Quart de Litron & Mesurettte: Et dans le Ressort des autres Greniers, au Litron, Demy-Litron, Quart de Litron, & autres Mesures au dessous; & qu'à cet effet il sera fondu des Mesures de bronze des capacitez & continances cy-dessus mentionnées, lesquelles aprés avoir esté reduites, étallonnées & marquées en presence des Officiers de nostre Cour des Aydes, seront par eux déposées au Greffe de nostre bonne Ville de Paris, pour servir de Matrices; sur lesquelles seront étalonées & marquées d'autres & semblables Mesures de potin ou cuivre, pour estre envoyées en chacun Grenier, & servir à l'étalonnement des Mesures qui seront délivrées aux Fermiers des Regrats; & par eux aux Distributeurs de Sel dans le Ressort de chaque Grenier; le prix du contenu ausquelles Mesures sera reglé par les Officiers des Greniers, sur le Prix du Minot, avec le Demy-Parisis, dont il sera par eux dressé & arresté un Tarif; autant duquel les Fermiers seront tenus de délivrer à leur Distributeurs, pour estre affichez aux lieux où ils font leur Debit: Faisons défenses, tant aux Fermiers qu'aux Distributeurs, de se servir d'autres Mesures, & de les alterer, & de vendre à plus haut prix, à peine de cent livres d'amende pour la premiere fois, & de punition corporelle au cas de recidive: Comme aussi aux Regratiers du Ressort du Grenier à Sel de Paris, de vendre plus d'un boisseau; & à ceux du Ressort des autres Greniers, plus d'un Litron de Sel à la fois, à peine de cinquante livres d'amende: Faisons pareillement défenses au Fermier General des Gabelles, & à ses Commis, de faire aucun Prest de Sel, mesme par association, aux journaliers & menuës gens: Enjoignons aux Officiers des Greniers de faire les visites chez les Regratiers, conformément à nostre Ordonnance du mois de May 1680. Si donnons en mandement à nos amez & feaux Conseillers les Gens tenans nostre Cour des Aydes à Paris, que ces Presentes ils ayent à faire registrer, & le contenu en icelles garder & observer selon leur forme & teneur, nonobstant tous Edits, Declarations, Ordonnances, Reglemens, Arrests, & autres choses à ce contraires, ausquels nous avons dérogé & dérogeons par ces Presentes; Car tel est nostre plaisir: En témoin de quoy nous avons fait mettre nostre scel à cesdites Presentes. Donné à Versailles le ving-cinquiéme jour de Novembre l'an de grace mil six cens quatre-vingt-sept, & de nostre Regne le quarante-cinq. Signé, LOUIS; *Et sur le reply*, Par le Roy, COLBERT, & scellé.

Registrées en la Cour des Aydes, oüi, ce requerant & consentant le Procureur General du Roy, pour estre executees selon leur forme & teneur: & ordonné que Copies collationnees des presentes Lettres, seront envoyées és Sieges des Elections & Greniers à Sel du Ressort de la Cour, à la diligence dudit Procureur General, pour y estre leues, publiées, & registrees, l'Audience tenant: Enjoint aux Substituts dudit Procureur General esdits Sieges d'y tenir la main, & de certifier la Cour de leurs diligences au mois. A Paris les Chambres assemblees, le 13. Decembre 1687. Signé, TRUCHOT.

ARREST DU CONSEIL D'ESTAT DU ROY,

Rendu à Versailles le vingt-deuxiéme Juin 1688.

Qui regle le Prest de Sel.

Extrait des Registres du Conseil d'Estat.

LE ROY estant informé des contestations survenuës entre Mᵉ Pierre Domergue, Fermier General des Gabelles, & les Sous-fermiers des Regrats de plusieurs Provinces du Royaume, sur l'execution des Declarations des six Juin 1685. & 25. Novembre 1687. pour raison du Prest de Sel, que lesdits Sousfermiers pretendent avoir esté fait à divers Particuliers contre la disposition desdites Declarations: Ce qui trouble la Regie desdites Fermes, apporte du retardement au recouvrement des Droits de Sa Majesté, & cause des frais aux Particuliers: A quoy estant necessaire de pourvoir: Ouy le Rapport du Sieur le Peletier Conseiller ordinaire au Conseil Royal, Controlleur general des Finances: LE ROY EN SON CONSEIL, a ordonné & ordonne que les Declarations des six Juin 1685. & 25. Novembre 1687. seront executées selon leur forme & teneur; & en consequence,

consequence, tant & si longtemps que le Prest sera toleré, fait Sa Majesté deffenses audit Domergue, ses Preposez & Commis, de faire aucun Prest de Sel, soit par Association ou autrement, qu'aux Communautez, Convents, Colleges, Hôpitaux, Personnes Ecclesiastiques, Gentilshommes, principaux Bourgeois des Villes & Bourgs, Artisans tenans Boutiques; Hosteliers, Cabaretiers, Taverniers, Patissiers, Boulangers, Laboureurs & Vignerons, Proprietaires de Vignes, & generalement qu'à ceux que ledit Domergue a droit d'assigner en devoir de Gabelles, aux termes de l'Ordonnance de 1680. & sans qu'en aucun cas pour raison desdits Prests, Domergue ait preference sur les biens de ceux à qui il aura presté, ny qu'il puisse exercer contre eux la solidité ny la contrainte par corps. Fait au Conseil d'Estat du Roy, tenu à Versailles le vingt deuxiéme jour de Juin mil six cens quatre-vingt-huit. Collationné. Signé, COQUILLE.

EDIT DU ROY.

Donné à Marly au mois de Mars 1696.

Portant Création des Offices de Jurez Vendeurs de Sel à petites Mesures; Avec attribution du Demy-Parisis, comme il se perçoit par les Fermiers des Regrats.

Registré en la Cour des Aydes le trois Avril audit an.

LOUIS par la grace de Dieu, Roy de France & de Navarre: A tous presens & à venir, SALUT. Par Edit du mois de Février 1638. les Offices de Regratiers & Revendeurs de Sel à petites Mesures en toutes les Gabelles de France, ont esté rétablis hereditaires, avec le Droit de Demy-Parisis sur chaque Minot de Sel, à percevoir par lesdits Officiers sur le pied du prix de la Vente du Sel en chaque Grenier, ainsi qu'il est plus au long porté par ledit Edit, depuis lequel le Parisis entier auroit esté estably par autre Edit du mois de Decembre 1652. comme en 1576. à regaler sur les petites Mesures, suivant l'usage, pour estre les deux tiers dudit Parisis alienez, & l'autre tiers attribué aux Officiers des Greniers; le tout pour joüir conformément à l'Edit de 1638. lequel nouveau Demy-Parisis ayant esté depuis supprimé par Edit du mois de Mars 1653. Nous aurions par nostre Déclaration du treize May 1660. de nouveau estably & confirmé les fonctions, attributions & privileges desdits Offices: Mais ayant esté informez que les Acquereurs desdits Offices avoient acquis audit Regrat, par la forme de leur Regie, une valeur au delà des Droits à eux attribuez, Nous aurions supprimé lesdits Offices & repris ladite Regie, & l'aurions réunie à nostre Ferme generale des Gabelles; ensorte que par l'Exercice qui s'en est fait jusques en 1679. ayant reconnu la valeur du benefice de cette Regie, Nous en aurions confirmé l'usage par nostre Déclaration du premier Aoust 1679. tel qu'il avoit esté pratiqué depuis 1638. & tel qu'il se pratiquoit alors; & nous aurions pour la seureté publique; mais sans toucher à l'usage de la Regie qui se pratiquoit par les Fermiers des Regrats, étably des Mesures, & fait regler un prix par un Tarif des Officiers du Grenier de Paris, du deux Janvier 1679. autorisé par ladite Déclaration, laquelle auroit esté suivie d'une autre Déclaration du vingt-cinq Novembre 1687. portant Reglement de toutes les Mesures qui seroient employées au Regrat, & du prix du Sel desdites Mesures; & d'autant que par nos Déclarations des vingt-deux Février & vingt-cinq Octobre 1689. nous aurions ordonné l'augmentation de Trois livres par Minot de Sel, il auroit esté par Arrest de la Cour des Aydes de Paris, du dix-neuf Decembre 1689. ordonné qu'il seroit fait par ladite Cour un nouveau Tarif du prix du Sel contenu en chacune des petites Mesures, servant à la distribution du Sel par Regrat, pour servir dans l'étenduë des Gabelles de France, sur le pied de Soixante-quatre Litrons de Sel au Minot, & des Mesures qui sont au dessous à proportion; en consequence duquel Arrest il auroit esté arresté le seize Janvier 1690. un Tarif par ladite Cour des prix du Sel à percevoir pour chacune des Mesures servant au Regrat; & le quatre

Decembre 1694. un autre Tarif par les Officiers du Grenier à Sel de Paris, du prix desdites Mesures; & ainsi des autres Greniers. Et pour conserver au Regrat les Ventes qui luy appartenoient en faveur du public, qui pour une plus grande commodité se fournit audit Regrat, Nous aurions par Arrest du Conseil du cinq Juin 1685. & par nostre Déclaration du six desdits mois & an, reglé ceux qui devoient se fournir au Regrat; & par Arrest du Conseil du vingt-deux Juin 1688. confirmé ladite Déclaration du six Juin 1685. & celle du vingt-cinq Novembre 1687. portant Reglement de ceux de nos Sujets qui peuvent estre assignez en devoir de Gabelle: Au moyen de tous lesquels Reglemens le Revenu des Regrats estant augmenté considerablement, ainsi que par la maniere dont il se regit & perçoit actuellement par les Fermiers de nos Regrats, Nous aurions jugé à propos d'en faire l'alienation, & à cet effet de créer des Offices de Jurez Vendeurs de Sel, comme il a esté pratiqué par ledit Edit de 1638. A CES CAUSES, & autres à ce Nous mouvans, & de nostre certaine science, pleine puissance & autorité Royale, Nous avons par nostre present Edit perpetuel & irrevocable, créé & érigé, créons & érigeons en titre d'Office formez & hereditaires non domaniaux, des Jurez Vendeurs de Sel à petites Mesures dans tous les Greniers à Sel de nos Gabelles de France, ceux de l'Impost exceptez; lesquels pouront estre possedez par tous nos sujets de quelque qualité & condition qu'ils soient, sans aucune incompatibilité, à l'exception toutesfois des Officiers, Receveurs & Commis de nos Gabelles, en vertu des Quittances du Receveur de nos Revenus Casuels qui leur seront délivrées de la Finance qu'ils Nous payeront pour lesdits Offices, laquelle sera fixée par les Rôlles qui seront arrestez en nostre Conseil, outre & pardessus les deux sols pour livre de ladite Finance, sans estre tenus de prendre de Nous aucunes Lettres de Provisions, ny leurs veuves, enfans, heritiers ou ayant cause, ny sans que lesdits Offices soient sujets à aucune revente, ny les Proprietaires tenus de Nous payer à l'avenir pour raison d'iceux aucune nouvelle finance, sous prétexte de supplément, prest, annuel, survivance, mutation, confirmation, ou autres que ce soit ou puisse estre, dont Nous les avons dispensez &

déchargez, ny sans qu'ils en puissent estre dépossedez par suppression ou autrement, qu'aprés un actuel remboursement en un seul payement en deniers comptans, des sommes qu'ils auront payées pour lesdits Offices.

Ausquels Jurez Vendeurs Nous avons attribué la Faculté de Vendre ou faire Vendre le Sel par Regrat, & ce en la maniere accoûtumée, à l'exclusion de tous autres; Pour joüir du droit entier de Demy-Parisis, qui est de deux sols six den. pour livre sur le prix du Minot de Sel, conformément ausdits Tarifs des seize Janvier 1690. & quatre Decembre 1694. & à ceux arrestez pour les autres Greniers des Provinces, que Nous avons entant que besoin est ou seroit, confirmé & autorisé; & en outre du Fort-denier sur les petites Mesures où il se rencontrera, & ainsi qu'il est accoûtumé; & encore du benefice étably dans la Regie dudit Regrat, du poids du Minot de Sel livré pour le Regrat au Grenier, aux petites Mesures, ausquelles le Sel se revend au public.

Lesquels droits & augmentations Nous avons pareillement attribué ausdits Jurez Vendeurs de Sel, pour en joüir par eux ainsi que nos Fermiers des Regrats en joüissent actuellement, confirmant à cet effet, entant que besoin seroit, l'usage de ladite Regie, sans que nos Officiers puissent, sous quelque pretexte que ce soit, visiter ny pezer les Sels qui seront livrez au Grenier pour la Revente, ny à la sortie du Grenier, ny chez lesdits Jurez Vendeurs de Sel, ny les sacs ou baquets délivrez par eux à leurs Distributrices: Enjoignons ausdits Officiers, conformément à nostre Edit de 1638. de visiter les Boutiques & Places desdites Distributrices, une fois par an seulement; sinon qu'il y eut dénonciation qu'elles usassent de Faux-Sel, ou commissent quelques abus ou malversations, auquel cas voulons qu'ils s'assemblent en la maniere accoûtumée au Bureau de leur Grenier, pour à la pluralité des voix, nommer deux d'entr'eux pour faire conjointement les visites dans les Boutiques & places desdites Distributrices établies dans la Ville & Fauxbourgs de leur residence: Lesquels Officiers commis en faisant leurs Visites, se feront representer les Mesures pour connoistre si elles sont nettes, étalonnées & non alterées, si le Sel qui est vendu est de Gabelle, & non mêlé de corps étranges ou de Salpetre ; si dans la Revente lesdites Distributrices donnent la Mesure au public, ou si elles ne vendent pas à plus haut prix que celuy porté par le Tarif, auquel lesdits Jurez Vendeurs, leurs Commis & Preposez seront tenus de se conformer, & qui à cet effet sera affiché dans les Boutiques & Places desdites Reventes ; & en consequence que les Procez Verbaux qui seront faits par lesdits Officiers commis lors desdites Visites, soient par eux mis au Greffe de leur Grenier dans les 24. heures aprés lesdites Visites, à peine de nullité d'iceux, & de tous dépens, dommages & interests, pour en prendre par nostre Procureur communication, & ensuite rapporté au Bureau, estre statué par nosdits Officiers ce qu'il appartiendra ; sans qu'ils puissent obliger lesdits Jurez Vendeurs, leurs Fermiers, Commis & preposez, à tenir aucun Registre de Vente, dont nous les avons dispensé, & dérogé à cet effet aux Articles IX & X. du Titre IX. de nostre Ordonnance des Gabelles de 1680. ainsi qu'à l'Article VIII. en ce qu'il défend aux preposez à la Vente, de faire trafic de Marchandises en détail.

Voulons que, conformément à nostre Edit de 1638. lesdits Jurez Vendeurs, & leurs Fermiers ou Commis, puissent vendre & debiter avec le Sel toutes sortes de Denrées & Marchandises, à l'exception des Salines en gros, sans qu'ils soient tenus à aucune Maistrise ny reception, ny aucun droit Royal, Domanial, Arts & Mestiers, ou autres, dont nous les avons dispensez & déchargez : Faisons deffenses à toutes personnes de les y troubler, à peine de cinq cens livres d'amende, & de tous dépens, dommages & interests.

Le tout à condition que lesdits Jurez Vendeurs de Sel, leurs Fermiers & Commis ne pourront se servir d'autres Mesures que de celles qui sont actuellement en usage, échantillonnées sur les matrices qui sont à l'Hostel de Ville, à peine de faux ; & ne pourront vendre à plus haut que ceux portez par ledit Tarif du 4. Decembre 1694. & autres arrestez pour les Greniers des Provinces, à peine de concussion contre les contrevenans.

Et pour prevenir les contestations d'entre le Fermier de nos Gabelles & lesdits Jurez Vendeurs, sur leurs Droits reciproques, Voulons & Nous plaist, Que lesdits Jurez Vendeurs, leurs Fermiers ou Commis ayent leurs place aux Greniers, avec faculté d'y tenir estat des Ventes, & qu'ils puissent avoir des Archers pour veiller à la conservation de leurs droits; & que les amendes & confiscations qui proviendront des contraventions, appartiennent, sçavoir, un tiers à l'Hôpital du lieu où la contravention sera jugée, un autre tiers aux proprietaires desdits Offices, & l'autre tiers au dénonciateur.

Et à l'égard des Prests & des Gabelans, l'Arrest du Conseil du 5. Juin, & nostre Declaration du 6. Juin 1685. nostre Declaration du 25. Novembre 1687. & l'Arrest du 22. Juin 1688. seront executez selon leur forme & teneur, nonobstant & sans avoir égard à l'Arrest du Conseil du 19. Avril 1689. qui demeurera comme non advenu.

Voulons aussi qu'il soit presté ausdits Jurez Vendeurs, au Grenier de Paris, jusqu'à six Muids de Sel, & un Muid seulement à ceux des autres Greniers, sans que la Vente puisse estre faite dans aucuns Greniers à plus petites Mesures que celles portées par l'Art. I. du Titre VI. de nostre Ordonnance du mois de May 1680. que nous voulons estre executée, ensemble de l'Art. II. pour l'association & partage des Mesures énoncées audit Article.

Et sans que les Officiers puissent augmenter le nombre des Places servant à la Revente du Sel, ny prétendre aucuns Droits pour leurs Visites contre lesdits Jurez Vendeurs, leurs Fermiers, Commis ou Distributrices, à peine d'exaction; mais seulement payé au Contrôlleur des Mesures, deux sols pour la Marque & l'estalonnage de chacune desdites Mesures, qui ne pourront estre changées qu'elles ne soient viciées ou rompuës.

Et voulant faciliter l'acquisition & exercice desdits Offices, Nous permettons à toutes personnes d'en posseder un ou plusieurs par une mesme Quittance de Finance, ou par plusieurs à leurs choix, ausquels Offices Nous voulons qu'ils soient reçûs par nos Officiers des Greniers sur lesdites Quittances de Finance, sans information de vie & mœurs, en leur payant six livres pour tous Droits de prestation de serment, & d'enregistrement ; & qu'en consequence ils puissent affermer par Baux generaux & particuliers l'exercice desdits Offices, & les Droits y appartenans, tels qu'ils ont esté cy-devant exprimez, ou y commettre telles personnes que bon leur semblera, qui seront reçûës aprés la prestation de serment, en payant trois livres ; tant pour l'enregistrement de chacun Bail, & de chacune Commission, que pour la prestation de serment, qui servira pendant tout le cours de leurs Commissions, pourvû que ce soit dans le Ressort du mesme Grenier, sans qu'ils soient tenus de le renouveller, nonobstant que lesdits Commis fussent changez de place, ou déplacez pour un temps.

Voulons en outre que les Acquereurs desdits Offices de Jurez Vendeurs, leurs Commis ou ayans cause, Fermiers, Sous-Fermiers, Commis ou Preposez, joüissent de l'exemption de Tutelle, Curatelle, Assiette & Collecte de nos Deniers, & autres Charges publiques de quelque nature qu'elles soient, mesme de Logement de Gens de Guerre, Passans, Tenans garnison ou Quartier d'hyver ; Subsistance, Ustancile, Contrainte solidaire pour nos Deniers, ou autres : Et en consequence faisons tres-expresses défenses aux Maires & Echevins, Asséeurs, Collecteurs & autres chargez desdites Assiettes & Département de Logement de Gens de Guerre ; d'y comprendre lesdits Jurez Vendeurs & leurs Fermiers ou Commis, ny dans les Rôlles de Tailles ny autres Impositions, en cas qu'ils ny fussent pas imposez avant leur Quittances de Finance, Baux ou Commissions, & de les imposer à plus grandes sommes que celles qu'ils portoient ; sinon au sol la livre des Cruës & Augmentations qui pouront survenir ; le tout à peine d'estre les Imposans contraints en leurs propres & privez noms, au remboursement des sommes qui auront esté exigées pour raison de ce, & au payement des dommages & interests desdits Jurez Vendeurs, leurs Fermiers & Commis. Si donnons en mandement à nos amez feaux Conseillers les Gens tenans nostre Cour des Aydes à Paris, que ces presentes ils ayent à faire lire, publier & registrer, & le contenu en icelles garder & executer selon leur forme & teneur ; nonobstant tous Edits, Declarations, Ordonnances, & autres choses à ce contraires, ausquels nous avons dérogé & dérogeons par cesdites presentes. CAR tel est nostre plaisir. Et afin que ce soit chose ferme & stable à toûjours, nous y avons fait mettre nôtre scel. DONNE' à Marly au mois de Mars, l'an de grace mil six cens quatre-vingt-seize: Et de nostre Regne le cinquante-troisiéme. Signé, LOUIS, *Visa*, BOUCHERAT *Et plus bas*, Par le Roy, PHELYPEAUX. Et scellé du grand Seau de cire verte.

Registrées en la Cour des Aydes, oüy, & ce requerant le Procureur General du Roy, pour executées selon leur forme & teneur: & ordonné que Copies collationnées des presentes Lettres, seront envoyées à la diligence du Procureur General du Roy, és Sieges des Greniers à Sel du Ressort de ladite Cour, pour y estre leües, publiées & registrées, l'Audience tenant: Enjoint aux Substituts dudit Procureur General du Roy esdits Sieges d'y tenir la main, & de certifier la Cour de leurs diligences au mois. A Paris, les Chambres assemblées, le cinq Avril mil six cens quatre-vingt-seize. Signé, PERET.

ARREST DU CONSEIL D'ESTAT DU ROY,

Du cinquième Juin 1696.

Qui Ordonne que la Déclaration du Roy du six Juin 1685. Concernant le Regrat & Revente du Sel à petites Mesures, sera exécutée selon sa forme & teneur: Regle ceux qui doivent prendre du Sel aux Greniers; Défend de s'Associer pour y lever du Sel, avec autres que ceux de leurs Paroisses ou Hameaux, & d'emporter le Sel, qu'au préalable ils n'en ayent fait le Partage à la porte du Grenier, à peine de Trente livres d'amende, &c.

Extrait des Registres du Conseil d'Estat.

VEU au Conseil d'Estat du Roy l'Edit de Création des Offices de Jurez Vendeurs de Sel à petites Mesures, du mois

mois de Mars dernier ; Par lequel il est entre autres choses ordonné, que l'Arrest du Conseil du cinq Juin, & la Déclaration du six Juin 1685. Celle du vingt-cinq Novembre 1687. & l'Arrest du vingt-deux Juin 1688. seront exécutez selon leur forme & teneur : Et Sa Majesté estant informée que depuis la publication dudit Edit, les Receveurs & Commis des Gabelles continuënt non seulement à faire les Prests de Sel comme auparavant, mais forçant mesme par des Assignations les Particuliers à en emprunter, sous pretexte que par ledit Arrest du vingt-deux Juin 1688. il est porté que le Fermier General pourra Prester generalement à ceux qu'il a droit d'assigner en devoir de Gabelles, aux termes de l'Ordonnance de 1680. Que par l'Article XI. du Titre IX. de ladite Ordonnance, il est enjoint generalement à ceux qui consomment par chacun an dans leurs Maisons plus grande quantité de Sel que celle du Boisseau & du Litron, de se pourvoir aux Greniers, & qu'il leur est deffendu d'en prendre au Regrat, à peine de trois cens livres d'amende ; De laquelle disposition lesdits Receveurs & Commis des Gabelles prenans avantage, ils intimident si fort les peuples par des Avertissemens, Commandemens & Assignations pour aller prendre du Sel aux Greniers, & par les menaces de leur faire payer l'amende de Trois cens livres, qu'ils n'osent plus absolument joüir de la Commodité qu'ils avoient auparavant de prendre du Sel aux Regrats : Mais comme cette conduite est entierement opposée à l'intention de Sa Majesté, qui n'a rappellé dans ledit Edit l'Arrest de son Conseil du vingt-deux Juin 1688. que parce qu'il porte expressement qu'en aucun cas pour raison desdits Prests, le Fermier des Gabelles n'aura la Préference, la Solidité, ny la Contrainte par corps ; & que si elle estoit plus longtemps tolerée, le Fermier General des Gabelles, à la faveur desdites assignations suivies des Prests, verseroit une si grande quantité de Sel chez tous les Particuliers, qu'il seroit inutile d'établir des Places de Revente dans les Greniers, & que par ce moyen l'Edit de Création desdits Offices de Jurez Vendeurs de Sel, de la Vente desquels Sa Majesté a pretendu tirer un secours considerable, demeureroit anneanti ; A quoy estant necessaire de pourvoir : Oüy le Rapport du Sieur Phe-

Jypeaux de Pontchartrain, Conseiller ordinaire au Conseil Royal, Contrôlleur General des Finances. LE ROY EN SON CONSEIL; A Ordonné & Ordonne, Que la Déclaration du six Juin 1685. sera exécutée selon sa forme & teneur; Ce faisant, que le Fermier General ne pourra faire assigner en devoir de Gabelles, que les Communautez; Convents, Colleges, Hospitaux, Personnes Ecclesiastiques, Gentilshommes, Bourgeois des Villes & Bourgs, Hosteliers, Cabaretier, Patissiers, Boulangers, Laboureurs tenans l'exploitation d'une Charuë au moins, Vignerons proprietaires des Vignes & non autres: Et qu'à l'égard des journaliers & autres menuës gens, ils auront la liberté de prendre le Sel dans les Greniers ou aux Regrats, selon leur plus grande commodité; A la charge neantmoins, que chacun desdits particuliers ne pourra prendre aux Regrats plus d'un Boisseau à la fois dans l'étenduë du Grenier de Paris, & plus d'un Litron à la fois dans l'étenduë des autres Greniers. FAIT Sa Majesté tres-expresses défenses audit Fermier General, Receveurs ou Commis des Gabelles; de comprendre en leurs Avertissemens & Publications, aucuns autres particuliers que ceux cy-dessus dénommez, & de leur faire faire aucuns Commandemens, ny donner aucunes Assignations, pour les obliger d'aller aux Greniers si bon ne leur semble, sous pretexte de devoir de Gabelles; Prest ou autrement, à peine de nullité desdites Assignations, d'Interdiction & de Cent livres d'amende contre chacun desdits Receveurs ou Commis, Dépens, Dommages, Interests des Parties qui auront esté mal assignées. DEFEND pareillement Sa Majesté à ceux qui s'associeront pour lever aux Greniers un Minot, Demy-Minot, ou un Quart de Minot de Sel, de s'associer avec d'autres que ceux de leurs Paroisses ou Hameaux, & d'emporter ou faire emporter par l'un d'eux le Sel qu'ils auront pris par Association, dans leursdits Villages ou Hameaux, qu'au préalable ils n'en ayent fait le Partage à la porte du Grenier, à peine de Trente livres d'amende, à laquelle Sa M. à reduit celle de 300 liv. portée par ladite Déclaration du six Juin 1685. Au moyen dequoy, fait Sa Majesté trés-expresses inhibitions & deffenses à tous Juges, de remettre, moderer, ny appliquer aux Frais de Justice ladite amende de Trente livres, sous quelque pretexte que ce puisse estre, à peine d'en répondre en leur propres & privez noms. ENJOINT Sa Majesté aux Sieurs Intendans & Commissaires départis dans les Provinces & Generalitez du Royaume, de tenir exactement la main à l'execution du present Arrest, qui sera leu, publié, & affiché par tout où besoin sera, & exécuté nonobstant Opositions ou autres empéchemens quelconques, pour lesquels ne sera differé, & dont si aucuns interviennent, Sa Majesté s'est reservé la Connoissance, & icelle interdit à toutes ses autres Cours & Juges. FAIT au Conseil d'Estat du Roy, tenu à Marly, le cinquiéme jour de Juin mil six cens quatre-vingt-seize. Collationné, Signé, DU JARDIN.

EDIT DU ROY.

Donné à Versailles au mois de Septembre 1696.

Portant suppression des Jurez Vendeurs de Sel à petites Mesures.

Registré en la Cour des Aydes le 13. desdits mois & an.

LOUIS par la grace de Dieu Roy de France & de Navarre : A tous presens & à venir, SALUT. Par nostre Edit du mois de Mars dernier Nous avons créé des Offices de Jurez Vendeurs de Sel à petites Mesures pour estre établis dans tous les Greniers à Sel de nos Gabelles de France, ceux de l'Impost exceptez, & y vendre par ceux qui en seront pourveus le Sel par Regrat en la maniere accoûtumée, & joüir du Demi-Parisis, du droit de Fort-denier, du benefice de la Regie, & du pois du Minot de Sel livré pour le Regrat, le tout ainsi qu'il est porté par ledit Edit, & comme les Fermiers des Regrats en avoient joüy avant la création desdits Offices : Mais depuis cet Edit nous avons esté informez que l'établissement desdits Offices pourroit causer des contestations entre ceux qui en seroient pourveus & les Fermiers de nos Gabelles, qui pourroient estre préjudiciables au bien de nostre service, mesme consommer les uns & les autres en frais de procedures, & les distraire de l'application que meritent ces differentes fonctions ; en sorte que le Public en souffriroit, en ce qu'il seroit plus mal servi : Ces considerations nous ont engagé jusqu'à present d'empescher la vente desdits Offices ; Cependant comme nous en avons traité avec Philippes Bertin, qui a fait des avances considerables en nos Coffres sur la finance qui en doit provenir, lesquelles luy coûtent de gros interests, qui joints à quantité de frais qu'il a esté obligé de faire pour parvenir à l'établissement desdits Offices, luy causeroient des pertes considerables qu'il n'est pas juste de luy laisser supporter : A quoy desirant pourvoir. A CES CAUSES, de nostre certaine science, pleine puissance & autorité Royale, Nous avons par nostre present Edit perpetuel & irrevocable, éteint & supprimé, éteignons & supprimons le titre des Offices de Jurez Vendeurs de Sel à petites Mesures, créez par nostre Edit du mois de Mars dernier, sans qu'il puisse estre rétabli à l'avenir : Voulons & nous plaist, que le Traité fait avec ledit Bertin pour la vente desdits Offices le 20. Mars dernier, demeure nul, & comme non advenu : Luy faisons défenses de faire en consequence d'iceluy aucunes poursuites ny diligences : Voulons qu'il soit incessamment pourveu au remboursement des sommes payées par ledit Bertin en nos Coffres en execution dudit Traité, ensemble aux interests d'icelles, & aux frais par luy faits, mesme au remboursement de la finance de ceux qui pourroient avoir acquis aucuns desdits Offices de Jurez Vendeurs de Sel à petites Mesures, sur les Quittances de Finance qu'ils en rapporteront en nostre Conseil, lesquelles seront déchargées du Controlle en vertu du present Edit, & renduës au Tresorier de nos Revenus Casuels, comme nulles : Seront à l'avenir les droits attribuez ausdits Offices par ledit Edit du mois de Mars dernier, perceus & regis à nostre profit en la maniere portée par ledit Edit, & ainsi qu'ils l'estoient par les Fermiers de nos Regrats avant la création desdits Offices : Ordonnons à cet effet que celuy qui en sera par nous chargé, joüira du Demi-Parisis, du droit de Fort-denier, du benefice sur la Regie, &

du poids du Minot de Sel livré pour le Regrat, ainsi qu'il est porté par ledit Edit, & comme les Fermiers des Regrats en joüissoient avant la création desdits Offices : Voulons & entendons que ledit Edit du mois de Mars & l'Arrest rendu en nostre Conseil le cinq Juin dernier au sujet de la forme de faire les Prests de Sels au Grenier, soient executez selon leur forme & teneur en ce qui n'est point contraire à nostre present Edit : Faisons deffenses, sous les peines y portées à toutes personnes, mesme aux Fermiers de nos Gabelles, les Receveurs d'icelles, & les Commis ou Preposez de nosdits Fermiers d'y contrevenir. Si donnons en mandement à nos amez feaux Conseillers les Gens tenant nostre Cour des Aydes à Paris, que le present Edit ils ayent à faire registrer, & le contenu en iceluy executer de point en point selon sa forme & teneur ; cessant & faisant cesser tous troubles & empeschemens au contraire : nonobstant tous Edits, Declarations, Ordonnances, Reglemens, & Arrests, & autres choses à ce contraires, ausquels Nous avons dérogé & dérogeons par nostredit present Edit ; aux copies duquel collationnées par l'un de nos amez & feaux Conseillers & Secretaires, Voulons que foy soit ajoutée comme à l'Original. CAR tel est nostre plaisir. Et afin que ce soit chose ferme & stable à toûjours, Nous y avons fait mettre nostre seel. DONNE' à Versailles au mois de Septembre l'an de grace mil six cens quatre-vingt seize, & de nostre Regne le cinquante-quatriéme. Signé LOUIS ; & plus bas, par le Roy, PHELYPEAUX, *Visa*, BOUCHERAT. Et scellé du grand Sceau de cire verte.

Extrait des Registres de la Cour des Aydes.

VEU par la Cour les Lettres Patentes du Roy données à Versailles au mois de Septembre 1696. signées Loüis, & plus bas, Par le Roy, Phelypeaux, & scellées du grand Sceau de cire verte, sur lacs de soye rouge & verte, portant suppression des Offices de Jurez Vendeurs de Sel à petites Mesures, creez par l'Edit du mois de Mars dernier ; Lesdites Lettres à la Cour adressantes. Conclusions du Procureur General du Roy. Oüy le Rapport de M. Conseiller ; Et tout consideré : LA COUR a ordonné & ordonne, qu'il sera procedé à l'en-

registrement desdites Lettres au lendemain de Saint Martin; & cependant que par provision elles seront executées selon leur forme & teneur; & que coppies collationnées desdites Lettres seront incessamment envoyées à la diligence du Procureur General du Roy és Sieges des Greniers à Sel de ladite Cour, pour y estre lues, publiées & registrées, l'Audiance tenant: Enjoint aux Substituts dudit Procureur General esdits Sieges d'y tenir la main, & de certifier la Cour de leurs diligences au mois. Fait à Paris en la Chambre de ladite Cour des Aydes, le 13. Septembre 1696. Signé, PERET.

DECLARATION DU ROY,

Donnée à Marly le quatorze Aoust 1703.

Concernant la Revente du Sel à petites Mesures.

Registrées en la Cour des Aydes le trente desdits mois & an.

LOUIS par la grace de Dieu, Roy de France & de Navarre: A tous ceux qui ces presentes Lettres verront, SALUT. Nous avons par differentes Ordonnances & Reglemens & entre autres par nostre Ordonnance de 1680. sur le Fait des Gabelles, pourvû à ce qui nous a paru necessaire pour empêcher les abus qui pouvoient se commettre dans la Vente du Sel à petites Mesures: Aprés avoir reglé par les Articles II. & III. du Titre IX. de nostredite Ordonnance, ce qui regarde les differentes Mesures, Nous avons par les Articles VI. & VII. du mesme Titre, fait défenses aux Regratiers de se servir d'autres Mesures, de les alterer & de vendre le Sel à plus haut prix que celuy fixé par les Tarifs arrestez par les Officiers des Greniers, à peine de cent livres d'amende pour la premiere fois, & de punition corporelle en cas de recidive; ce que Nous aurions renouvellé plus expressément par nostre Declaration du vingt-cinq Novembre 1687. Mais le Fermier Nous ayant representé, il y a quelques années, que le Public demandoit avec instance qu'il luy fust permis d'acheter le Sel au Poids aussi bien qu'à la Mesure,

Nous crûmes devoir luy accorder cette liberté pendant quelque temps, pour connoistre par l'experience ce qui seroit le plus avantageux pour la commodité du Public & pour l'exploitation de la Ferme; & comme Nous apprenons que depuis que Nous avons toleré cet usage, il se vend beaucoup plus de Sel au Poids qu'à la Mesure, & mesme que le prix s'en est établi volontairement dans l'étenduë du Grenier de Paris, sur le pied de quatorze sols la livre, Nous avons crû ne pouvoir mieux faire que d'autoriser cet usage, qui n'a esté que toleré jusqu'à present: Mais comme il pourroit arriver beaucoup d'abus, si ce prix demeuroit arbitraire, & si la vente du Sel au Poids n'estoit sujette à aucune inspection de la part des Officiers; & voulant d'ailleurs expliquer nos intentions sur l'execution des Tarifs arrestez par les Officiers du Grenier à Sel de Paris, les dix-neuf Decembre 1696, & vingt-trois Decembre 1702, pour faire cesser toutes les contestations qui pourroient se former sur ce sujet à l'avenir. A CES CAUSES, de l'Avis de nostre Conseil, & de nostre certaine science, pleine puissance & autorité Royale, Nous avons par ces Presentes signées de nostre main, dit, declaré & ordonné, disons, declarons & ordonnons, Voulons & Nous plaist, que le Sel qui sera vendu par Regrat, tant dans l'étenduë du Grenier à Sel de Paris, que des autres Greniers des Provinces où il est établi, puisse estre livré avec des Poids & Balances, ou avec les Mesures reglées par nostre Ordonnance de 1680, & par nostre Declaration du vingt-cinq Novembre 1687, au choix & option du Public. Le Sel qui sera livré à la Mesure, sera payé; sçavoir dans l'étenduë dudit Grenier de Paris, suivant le prix fixé par les Tarifs arrestez par les Officiers dudit Grenier les dix-neuf Decembre 1696, & vingt-trois Decembre 1702, que nous avons en tant que besoin seroit autorisé & confirmé par ces Presentes; & dans les Provinces, suivant les prix reglez par les Tarifs arrestez par les Officiers des Greniers; en execution de l'Arrest de nostre Conseil du vingt-cinq Novembre 1702. Et à l'égard du Sel qui sera vendu au Poids, il sera payé; sçavoir, dans l'étenduë dudit Grenier de Paris, à raison de quatorze sols la livre de seize onces, comme il se vend actuellement; & dans l'étenduë des Greniers des Provinces, sur le pied des deux tiers de la valeur du Litron, suivant les Tarifs qui seront à cet effet arrestez par les Officiers de chacun desdits Greniers: Voulons que le Sel qui sera vendu au Poids, soit pesé sans aucun papier ni envelope: Entendons que le Fermier General de nos Gabelles, ou ceux qui seront en ses droits, joüissent en outre du Fort denier où il se trouvera, du revenant bon du Poids du Minot de la fraction des petites Mesures, & autres benefices établis dans la Regie des Regrats, ainsi qu'en ont joüy nos Fermiers precedens, conformément à nos Edits des mois de Mars & Septembre 1696. Et pour empêcher l'abus qui pourroit s'introduire dans la distribution du Sel à la Mesure & au Poids; Voulons que ceux ou celles qui seront preposez par le Fermier, soient tenus à l'égard des Mesures, de verser à l'avenir le Sel dans lesdites Mesures, avec des mains de fer-blanc ou de cuivre, suivant & ainsi qu'elles seront reglées par lesdits Officiers; & quant au Sel qui sera vendu à la Livre, qu'il soit pesé avec des Balances à chaines de leton, & des Poids de fonte ou de cuivre, qui seront bien & duëment étallonnez par lesdits Officiers, ausquels Nous avons à cet effet attribué & attribuons par ces Presentes pour lesdits Poids & Balances, la mesme inspection, connoissance & jurisdiction qui leur est attribuée sur les Mesures, & icelles interdisant à tous autres: Faisons deffenses à toutes personnes de s'immiscer en la Revente & Distribution du Sel par Regrat, sans Commission du Fermier, & aux Distributrices du Fermier, de déposer du Sel ailleurs que dans leurs Boutiques & Baquets ordinaires, de vendre ailleurs qu'à leurs Places, & de faire faire la Revente par d'autres; le tout à peine de deux cens livres d'amende pour chacune contravention, & outre d'estre lesdites Distributrices du Fermier declarées incapables de plus faire la Distribution: Leur faisons pareillement deffenses de revendre d'autre Sel que celuy qu'elles recevront du Fermier du Regrat, & de le vendre à plus haut prix que ceux reglez par ces Presentes, & par les Tarifs qui seront arrestez en consequence, à peine de punition corporelle, & de deux cens livres d'amende: Deffendons à nos Officiers qui ont

du

du Sel de Privilege, de revendre le tout ou partie de leur Sel aux Distributrices du Fermier, ni de l'échanger, vendre, donner à d'autres particuliers, encore que ce fût l'excedent de leur juste provision, à peine de décheance de leur Privilege, & de cinq cens livres d'amende : Voulons en outre, qu'en cas qu'aucun des Porteurs de Sel ou autres particuliers levant du Sel au Grenier sous des noms supposez, pour le fournir aux Distributrices du Regrat, le Sel soit confisqué, que les Porteurs soient interdits & déchus de leur droit pour six mois, & condamnez en trois cens livres d'amende, & les autres particuliers en cinq cens livres, & contraints par corps au payement : Et s'il se trouve de faux Revendeurs de Sel, ils seront poursuivis par Enqueste : Permettons à cet effet aux Commis du Fermier de faire les recherches, visites & perquisitions necessaires, conformément à l'Ordonnance : Voulons que leurs Procés Verbaux soient crûs jusques à l'Inscription de faux ; & en cas de saisie des Sels, que ceux seulement qui se trouveront immondes, soient déposez au Greffe pour estre submergez aprés le jugement diffinitif : Deffendons aux Officiers des Greniers de moderer les amendes, à peine d'en demeurer responsables en leurs noms envers le Fermier, & de ne rien exiger pour leurs visites & vacations d'icelles generales ou particulieres, s'ils en ont esté requis par les Fermiers : Leur deffendons pareillement d'exiger du Fermier plus de deux cens livres pour l'enregistrement du Bail du Regrat de Paris, & plus de vingt livres pour l'enregistrement du Bail de chacun autre Grenier; plus de trois livres pour l'enregistrement d'un Arriere Bail, plus de vingt sols pour l'enregistrement de la Commission, & de la prestation de serment de chacun des Commis de la Ferme, à peine de concussion : & en cas de refus, aprés la premiere sommation, la signification qui sera faite du Bail ou Commission au Greffe, trois jours aprés la sommation, vaudra enregistrement : Voulons au surplus que nos Edits des mois de Mars & Septembre 1696. soient executez selon leur forme & teneur, en ce qui n'est point contraire à nostre Ferme Generale des Gabelles ; & en consequence que nos Fermiers, Sous-Fermiers & Arriere-Fermiers, Commis &

Employez dans les Regrats, joüissent des privileges, exemptions & prerogatives qui leur y sont attribuez. Si donnons en mandement à nos amez & feaux Conseillers les Gens tenans nostre Cour des Aydes à Paris, que ces Presentes ils ayent à faire lire, publier & registrer, & le contenu en icelles faire garder, observer & executer selon leur forme & teneur, nonobstant tous Edits, Declarations, & autres choses à ce contraires, ausquels nous avons dérogé & dérogeons par ces Presentes; aux Copies desquelles collationnées par l'un de nos amez & feaux Conseillers-Secretaires, Voulons que foy soit ajoutée comme à l'Original : Car tel est nostre plaisir : En témoin de quoy nous avons fait mettre nostre scel à cesdites Presentes. Donne' à Marly le quatorziéme jour d'Aoust, l'an de grace mil sept cens trois, & de nostre Regne le soixante-uniéme. Signé, LOUIS; *Et plus bas*, Par le Roy, Phelypeaux. Vû au Conseil, Chamillart. Et scellée du grand Seau de cire jaune.

Registrées en la Cour des Aydes, oüy, & ce requerant le Procureur General du Roy, pour estre executées selon leur forme & teneur : & ordonné que Copies collationnées des presentes Lettres en seront envoyées à la diligence dudit Procureur General, aux Sieges des Greniers à Sel du Ressort de ladite Cour, pour y estre leuës, publiées & registrées judiciairement, l'Audience tenant : Enjoint aux Substituts dudit Procureur General d'y tenir la main, & de certifier la Cour de leurs diligences au mois. A Paris, les Chambres assemblées, le trente Aoust mil sept cens trois. Signé, Robert.

ARREST DU CONSEIL D'ESTAT,

Du vingt-trois Février 1704.

En faveur de Françoise le Roy, Commise à la Regie des Regrats à Provins, qui l'a décharge de la somme de soixante livres, à laquelle elle a esté imposée dans le Rôlle des Tailles de la Paroisse de Saint Ayoul de ladite Ville; laquelle somme luy sera renduë & restituée, &c.

Extrait des Registres du Conseil d'Estat.

SUR la Requeste presentée au Roy en son Conseil par Maistre René Mottet Sous-Fermier des Regrats de France; Contenant, &c. OUY le Rapport du Sieur Desmarets, Conseiller Ordinaire au Conseil Royal, Directeur des Finances: LE ROY EN SON CONSEIL, Ayant aucunement égard à ladite Requeste, a ordonné & ordonne que ladite Françoise le Roy, Commise à la Regie des Regrats à Provins, sera & demeurera déchargée du payement de la somme de soixante livres, à laquelle elle a esté taxée & imposée dans le Rôlle des Tailles de la Paroisse de Saint Ayoul de Provins de la presente année; sauf aux Collecteurs à faire rejet de ladite somme au Marc la Livre sur les Contribuables aux Tailles de ladite Paroisse: Ordonne que les Meubles saisis sur ladite le Roy, ensemble les deniers qu'elle pourroit avoir esté contrainte de payer pour racheter ladite Taxe, luy seront rendus & restituez; à ce faire les Gardiens & Dépositaires contraints; quoy faisant, déchargez. FAIT au Conseil d'Estat du Roy, tenu à Versailles le vingt-troisiéme jour de Février mil sept cens quatre. Collationné. Signé, GOUJON.

EDIT DU ROY,

Donné à Fontainebleau au mois d'Octobre 1704.

Portant Création des Receveurs des petites Gabelles, & Distributeurs du Sel dans l'étenduë du Grenier à Sel de Paris.

Registré en la Cour des Aydes le vingt-trois desdits mois & an.

LOUIS par la grace de Dieu, Roy de France & de Navarre : A tous presens & à venir, SALUT. Par nostre Edit du mois de Mars 1696. & pour les causes y exprimées, Nous avions fait l'alienation de nos Regrats, & créé à cet effet des Offices de Jurez-Vendeurs de Sel à petites Mesures, de la mesme maniere qu'ils avoient esté créez par Edit de 1638. pour joüir du benefice de la Regie, & autres attributions portées par nostre Edit de 1696. & par autre Edit du mois de Septembre de la mesme année, Nous avons éteint & supprimé le titre desdits Offices, & neanmoins ordonné qu'à l'avenir les droits qui leur avoient esté attribuez, seroient perçûs & regis à nostre profit, ainsi qu'ils l'avoient esté par les Fermiers de nos Regrats avant la création desdits Offices, & aux termes de nos Declarations, Tarifs, Arrests & Reglemens énoncez dans nosdits Edits ; depuis lequel temps, pour donner une forme certaine à la Regie & perception desdits droits, Nous avons par nostre Declaration du quatorze Aoust 1703, fixé le prix, & pourvu à la maniere de faire à l'avenir ladite Regie & distribution ; Et comme par cette Declaration Nous avons remedié aux abus qui se commettoient auparavant, Nous avons jugé à propos pour en rendre l'execution plus certaine, de commettre la distribution du Sel en détail à des Officiers en titre, dont la fidelité Nous soit connuë ; ce qui procurera un avantage considerable à nos Sujets, & à Nous une partie des secours qui Nous sont necesfaires pour soûtenir les dépenses de la Guerre, dans laquelle Nous sommes engagez. A CES CAUSES, & autres à ce Nous mouvans, de nostre certaine science, pleine puissance & autorité Royale, Nous avons par nostre present Edit perpetuel & irrevocable, créé & érigé, créons & érigeons en titre d'Offices formez & hereditaires non domaniaux, des Receveurs des petites Gabelles & Distributeurs du Sel dans le Ressort du Grenier à Sel de Paris seulement, au nombre qui sera jugé necessaire, suivant les Rôlles qui en seront arrestez en nostre Conseil; ausquels Receveurs & Distributeurs Nous avons aliené & alienons nostre droit de Regrat, pour en joüir conformément à nos Edits des mois de Mars & Septembre 1696. & à nostre Declaration du quatorze Aoust 1703. que Nous voulons estre executez selon leurs formes & teneurs, en ce qu'ils ne seront pas contraires à nostredite Declaration, ensemble de toutes les attributions, droits & privileges portez par iceux, leur attribuant à cet effet la faculté de Vendre ou de faire Vendre le Sel par Regrat en la maniere accoustumée, à l'exclusion de tous autres: Pourront lesdits Offices estre possedez par tous nos Sujets de quelque qualité & condition qu'ils soient, sans aucune incompatibilité, à l'exception toutefois des Officiers, Receveurs & Commis du Grenier de nostredite Ville de Paris, & de ceux dénommez dans l'Article VIII. du Titre IX. de nostre Ordonnance de l'année 1680. & ce en vertu des Lettres de Provision que Nous leur ferons expedier sur les Quittances de Finance qui leur seront délivrées par le Receveur de nos Revenus Casuels, & sur celles du droit de Marc d'or en la maniere accoustumée; sans que lesdits Offices puissent estre sujets à aucune revente, ni les Proprietaires tenus de Nous payer à l'avenir pour raison d'iceux, aucune nouvelle finance, sous pretexte de supplément, prests, annuels, survivance, mutation, confirmation, heredité, ou autres que ce soit ou puisse estre, dont Nous les avons dispensez & déchargez; & sans qu'ils puissent en estre dépossedez par suppression ou autrement, qu'aprés leur actuel remboursement en un seul payement en deniers comptans des sommes principales qu'ils auront payé pour lesdits Offices, & des deux sols pour livre desdites sommes; Voulons & Nous plaist qu'il soit fait

Bourse commune du produit desdits droits entre nosdits Receveurs des petites Gabelles, & que la Regie dudit Regrat soit faite conformément à nostre Declaration du quatorze Aoust 1703, Arrests, Declarations & Reglemens y énoncez, & tout ainsi qu'il se pratique actuellement par nos Fermiers, leurs Commis & Préposez : Permettons à toutes personnes d'acquerir un ou plusieurs desdits Offices, sans incompatibilité par une mesme Quittance de Finance, ou plusieurs à leur choix, ausquels Offices Nous voulons qu'ils soient reçûs par les Officiers de nostredit Grenier, en leur payant six livres pour tous droits de prestation de serment & d'enregistrement, & qu'ils puissent commettre à l'exercice desdits Offices, telles personnes que bon leur semblera, qui seront reçûës à la prestation de serment en payant vingt sols seulement, tant pour l'enregistrement de la Commission, que pour ladite prestation de serment, conformement à nostre Declaration du 14. Aoust 1703. Voulons, s'il arrive quelque augmentation sur le prix du Minot de Sel, qu'à l'instant le regalement en soit fait par augmentation sur le prix des petites Mesures par nos Officiers dudit Grenier, ausquels Nous enjoignons d'y proceder sans aucun délay, à peine d'en demeurer responsables en leurs propres & privez noms, envers lesdits Receveurs & Distributeurs: Et parceque par nostre Edit du mois de Février de la presente année, Nous avons attribué aux Contrôlleurs des Receveurs des Greniers à Sel quatre sols par chacun Minot, ce qui fait une augmentation sur le prix du Sel,qui doit estre repartie par proportion aux Poids & Mesures dont on sert dans la Distribution : Nous ordonnons que pour tenir lieu ausdits Receveurs des petites Gabelles de ladite augmentation, il sera par eux perçû trois deniers sur chaque Litron, Demi-Litron,& sur chaque Livre pesant de Sel,que Nous leur avons attribué & attribuons, outre & pardessus les sommes fixées par les Tarifs, confirmez & autorisez par nostredite Declaration ; leur deffendons de rien prendre sur les Poids & Mesures au-dessous de ceux cy-dessus exprimez sous pretexte de ladite augmentation, à peine de concussion : Permettons à ceux qui acquereront lesdits Offices d'emprunter les deniers necessaires à cet effet, sans qu'il soit besoin d'en faire mention dans les Quittances de Finance qui leur seront expediées, mais seulement dans leurs Contrats d'emprunts ; à la charge de déposer une copie des Quittances de Finance, chez les Notaires qui auront passé les Contrats pour estre jointes aux minuttes qui serviront en ce cas de privilege à ceux qui auront presté leurs deniers ; Voulons que les Acquereurs desdits Offices, leurs Commis & Préposez jouissent de l'exemption de tutelle, curatelle, collecte, assiette des tailles, logemens de gens de guerre, subsistances, ustanciles, contraintes solidaires pour nos deniers, & nomination à la Milice, sans que pour raison de l'acquisition desdits Offices, les Proprietaires d'iceux puissent estre augmentez à la Capitation. Si donnons en mandement à nos amez & feaux Conseillers, les Gens tenant nostre Cour des Aydes à Paris, que le present Edit ils ayent à faire lire, publier & registrer, mesme en temps de Vacations, & le contenu en iceluy garder & observer de point en point, selon sa forme & teneur, nonobstant tous Edits, Declarations, Ordonnances, & autres choses à ce contraires, ausquelles Nous avons dérogé & dérogeons par le present Edit ; aux copies duquel collationnées par l'un de nos amez & feaux Conseillers-Secretaires, Voulons que foy soit ajoutée comme à l'Original. CAR tel est nostre plaisir. Et afin que ce soit chose ferme & stable à toujours, Nous y avons fait mettre nostre Scel. DONNE' à Fontainebleau au mois d'Octobre, l'an de grace mil sept cens quatre, & de nostre Regne le soixante-deuxiéme. Signé LOUIS; *Et plus bas*, Par le Roy, PHELYPEAUX. *Visa*, PHELYPEAUX. Veu au Conseil, CHAMILLART. Et scellé du grand Sceau de cire verte en lacs de soie rouge & verte.

Registrées en la Cour des Aydes, oüy, & ce requerant le Procureur General du Roy, pour estre executées selon leur forme & teneur, & ordonné que Copies collationnees d'icelles seront incessamment envoyées ès Sieges de l'Election & Grenier à Sel de cette Ville de Paris, pour y estre luës, publiées & registrées, l'Audiance tenant : Enjoint aux Substituts dudit Procureur General esdits Sieges, d'y tenir la main, & de certifier la Cour de leur diligence au mois. A Paris en la Chambre de la Cour des Aydes, le vingt-trois Octobre, mil sept cent quatre. Signé, ROBERT.

Par Edit du mois de Decembre 1704. portant Création des Offices de Contrôlleurs au partage du Sel : Il est porté que le partage du Sel sera fait à la Porte des Greniers, auquel effet il a esté derogé à la Déclaration du Roy du dernier May 1701.

DECLARATION DU ROY.

Donnée à Versailles le deux Decembre 1704.

Qui reduit au Poids la Distribution du Sel par Regrat dans l'etenduë du Grenier à Sel de Paris.

Registrée en la Cour des Aydes, le dix desdits mois & an.

LOUIS par la grace de Dieu, Roy de France & de Navarre : A tous ceux qui ces presentes Lettres verront, SALUT. Par nostre Edit du mois d'Octobre dernier, Nous avons créé & érigé en Titres d'Offices formez & hereditaires non domaniaux, des Receveurs des petites Gabelles & Distributeurs du Sel à petites Mesures, dans le Ressort du Grenier de Paris, ausquels Nous avons alienė nôtre Droit de Regrat, pour en joüir conformément à nos Edits des mois de Mars & Septembre 1696. & à nostre Déclaration du quatorze Aoust 1703. & d'autant que le benefice estably par lesdits Edits & Déclaration dans la Regie dudit Regrat, par la difference qui se trouve du Poids du Minot de Sel livré pour le Regrat au Grenier, d'avec celuy qui se revend ensuite au public à la petite Mesure, a donné lieu à plusieurs abus qui se commettent dans ladite Revente à petites Mesures, tres-préjudiciables aux particuliers qui ne reçoivent pas la quantité de Sel qui leur est dûë : Que les plaintes qui Nous en ont esté cy-devant faites, furent un des motifs qui donna lieu à nostredite Déclaration du quatorze Aoust 1703. par laquelle il a esté ordonné que le Sel qui sera vendu par Regrat dans l'étenduë des Greniers où il est estably, y sera livré au Poids à raison de quatorze sols la Livre, ou à la Mesure, au choix & option desdits particuliers ; & que Nous avons esté infor-

mez

mez que l'exécution en est éludée, parce que ceux qui le distribuent, continuent à vendre aux petites Mesures & trés-peu au Poids, Nous avons jugé à propos d'y remedier, en ordonnant qu'à l'avenir le Sel ne sera distribué au Regrat qu'au Poids, à raison de quatorze sols la Livre, avec défenses de se servir d'aucune Mesure; & comme d'ailleurs les Provisions ausquelles Nous avons assujetty lesdits Offices, pourroient rebuter les Acquereurs, tant à cause des frais considerables, ausquels ils seroient engagez à chaque mutation, que parce que la conservation & le commerce en deviendroient plus difficiles. A CES CAUSES, de nostre certaine science, pleine puissance & autorité Royale, Nous avons par ces Presentes signées de nostre main, dit, declaré & ordonné, disons, declarons & ordonnons, Voulons & Nous plaist, qu'à l'avenir à commencer du premier Janvier 1705. le Sel ne soit plus vendu par Regrat dans l'étenduë du Grenier de Paris, qu'au Poids seulement: sçavoir, à la Livre, à la Demie Livre, au Quarteron, au Demy-Quarteron & à l'Once, à raison de quatorze sols la livre, & en la maniere portée par nostredite Déclaration du quatorze Aoust 1703. Abrogeons en tant que de besoin, l'usage de toutes sortes de Mesures pour le Regrat dans l'étenduë dudit Grenier seulement, dérogeant pour cet effet à l'Article II. du Titre IX. de nostre Ordonnance du mois de May 1680. & ajoûtant en tant que de besoin, à la disposition de l'Article I. du Titre VI. de ladite Ordonnance, qui défend de partager le Minot de Sel qui est levé audit Grenier de Paris: Voulons que chacun des contrevenans audit Article, soient condamnez outre la confiscation des Sels, en une amende de trois cens livres, applicable un tiers à l'Hôpital General, un tiers ausdits Officiers; l'autre tiers au Dénonciateur, laquelle ne pourra estre remise ny moderée sous quelque pretexte que ce puisse estre par nos Juges, à peine d'en répondre en leurs propres & privez noms: Voulons pareillement que pour tenir lieu ausdits Officiers des trois deniers d'Augmentation sur le Litron & le Demy-Litron, qui leur sont attribuez par l'Edit du mois d'Octobre dernier, ils perçoivent par Augmentation trois deniers sur la Livre & la Demie-Livre: Et attendu que les fonctions attribuées aufdits Offices, font peu confiderables, & que Nous defirons en faciliter la Vente & la confervation aux Acquereurs & autres Proprietaires; Nous les avons difpensez & difpenfons d'obtenir aucunes provifions : enfemble leurs veuves, enfans, heritiers ou ayant caufe, dérogeant pour ce regard à noftredit Edit du mois d'Octobre dernier : Voulons au contraire qu'ils y foient reçûs, en vertu des fimples Quittances qui leur feront delivrées par le Receveur de nos Revenus Cafuels de la Finance qui Nous aura efté payée pour lefdits Offices. Si donnons en mandement à nos amez & feaux Confeillers, les Gens tenans noftre Cour des Aydes à Paris, que ces Prefentes ils ayent à faire lire, publier & regiftrer, & le contenu en icelles garder & obferver felon leur forme & teneur, nonobftant tous Edits, Déclarations, Arrefts & autres chofes à ce contraires, aufquelles Nous avons dérogé & dérogeons par ces Prefentes; Car tel eft noftre plaifir : En témoin dequoy Nous y avons fait mettre noftre Scel. DONNE' à Verfailles le deuxiéme jour de Decembre, l'an de grace mil fept cens quatre : Et de noftre Regne le foixante-deuxiéme. Signé, LOUIS; *Et plus bas*, Par le Roy, PHELYPEAUX. Veu au Confeil, CHAMILLART. Et Scellée du grand Sceau de cire jaune.

Regiftrées en la Cour des Aydes, oüy, & ce requerant le Procureur General du Roi, pour eftre executées felon leur forme & teneur, & ordonné que Copies collationnées des prefentes Lettres en feront inceffamment envoyées au Siege du Grenier à Sel de Paris, pour y eftre pareillement lûës, publiées & regiftrées judiciairement l'Audiance tenant : Enjoint au Subftitut dudit Procureur General d'y tenir la main, & de certifier la Cour de fes diligences au mois. A Paris, le dixiéme jour de Decembre mil fept cens quatre. Signé, ROBERT.

ARREST DU CONSEIL D'ESTAT DU ROY.

Du dixiéme Fevrier 1705.

QUI revoque & annulle le Resultat fait à Jacques Fortin le deux Decembre 1704. & ordonne que celuy fait à René Gigon sera executé selon sa forme & teneur ; & qu'en consequence ledit Gigon joüira de la Ferme generale des Regrats de France pendant douze années consecutives, à commencer du premier Octobre 1704. jusqu'au dernier Septembre 1716.

Extrait des Registres du Conseil d'Estat.

LE ROY ayant par Résultat de son Conseil de ce jourd'huy, accepté les propositions faites par René Gigon Bourgeois de Paris, de payer à Sa Majesté la somme de treize cens mille livres sans aucune remise dans les termes y portez, pour la joüissance pendant douze années qui ont commencé au 1. Octoctre 1704. des droits de Regrats dans l'étenduë du Ressort du Grenier à Sel de Paris, qui avoient esté alienez & attribuez aux Offices de Receveurs des petites Gabelles & Distribution du Sel de Regrat, créez par Edit du mois d'Octobre dernier ; à condition que ledit Gigon demeureroit subrogé au Sous-bail general fait par Me Charles Ferreau Fermier General des Gabelles à Me René Mottet pour les deux années qui en restent à expirer, à compter dudit jour 1. Octobre dernier, moyennant le prix & somme de trois cens vingt mille livres par chacun an, qui seroient payées audit Ferreau & aux Fermiers Generaux des Gabelles qui luy succederont, outre & pardessus ladite somme de treize cens mille livres une fois payée à Sa Majesté : Et estant necessaire de pourvoir à l'execution dudit Résultat contenant Bail ; Ouy le Rapport du Sieur Chamillart, Conseiller ordinaire au Conseil Royal, Controlleur General des Finances : SA MAJESTE' EN SON CONSEIL a ordonné & ordonne que le Résultat de ce jourd'huy fait audit Gigon sera executé selon sa forme & teneur, & conformément à iceluy, a revoqué & annullé le Résultat fait à Jacques Fortin le 2. Decembre 1704. & tout ce qui a esté fait en conséquence comme non avenu ; luy fait défenses & à ses Cautions de se servir ni de mettre l'Arrest dudit jour rendu pour l'execution dudit Résultat à execution, à peine de tous dépens, dommages & interests. Veut Sa Majesté que ledit Gigon jouisse de la Ferme generale des Regrats de France pendant douze années entieres & consécutives, à commencer du 1. jour d'Octobre 1704. & qui finiront au dernier Septembre 1716. conformément à l'Ordonnance du mois de May 1680. aux Declarations intervenuës depuis, aux Edits des mois de Mars & Septembre 1696. & à la Declaration du 14. Aoust 1703. moyennant le prix & somme de trois cens mille livres par chacune desdites douze années, payable à Me Charles Ferreau Fermier General des Gabelles pendant les deux années restantes à expirer de son Bail, & à ceux qui luy succederont ; auquel effet Sa Majesté a subrogé & subroge ledit Gigon au lieu & place dudit Mottet pour lesdites deux années restantes à expirer des Baux des Regrats des Provinces, que ledit Gigon sera tenu d'entretenir, à compter dudit jour 1. Octobre dernier ; les prix desquels Baux seront payez audit Gigon, ses Procureurs ou Commis, par les y dénommez : à quoy faire ils seront contraints par les voyes qu'ils y sont obligez en vertu des contraintes qui seront par luy décernées, sans que sous pretexte de changement de Baux ou de Fermes, de decés d'aucunes des cautions dudit Gigon, de la continuation de la Guerre ou de la Paix, ou tel autre cas que ce soit ou puisse estre prévû, & non prévû, ledit Gigon puisse estre troublé, évincé, ni dépossedé qu'aprés lesdites douze années finies & expirées : Et à l'égard du Sous-bail fait par ledit Mottet à Nicolas Sommé des Regrats des Greniers de Paris & Poissy, Sa Majesté l'a declaré & declare nul & résolu, à compter dudit jour premier Octobre dernier ; ce faisant, ordonne que ledit Gigon joüira durant ledit temps de douze années dudit Regrat de Paris, conformément à l'Edit du mois d'Octobre mil sept cens quatre & à la Declaration de Sa Majesté du deuxiéme Decembre ensuivant, moyennant la somme de treize cens mille livres une fois payée dans les termes portez par ledit Resultat, sans que pour raison de l'éviction & dépossession desdits Fortin, Mottet & Sommé, ils puissent pretendre aucun dédommagement, indemnité, dépens, dommages & interests contre ledit Gigon & ses Cautions pour quelque cause que ce soit, dont en tant que besoin est ou seroit, Sa Majesté l'a déchargé : Ordonne en outre Sa Majesté que lesdits Fortin, Mottet & Sommé, & leurs Cautions seront tenus de remettre audit Gigon les Sous-Baux des Regrats, les Cautionnemens, Soumissions, & autres Papiers concernant lesdites Fermes, les Nantissemens qu'ils ont, les Ustenciles servant à l'exploitation de la Ferme de Paris & Poissy, suivant l'estimation qui en sera faite à l'amiable ou par Experts, & outre de payer en deniers comptans audit Gigon les Quartiers d'avances reçûs lors de la passation des Sous-Baux, & les termes échûs & à écheoir jusqu'au jour de leur dépossession, suivant les états doubles qui seront d'eux certifiez, au pied desquels ledit Gigon leur en donnera décharge ; comme aussi que ledit Fortin & ses Cautions payeront audit Gigon le produit des Regrats des Greniers à Sel de Paris & Poissy depuis sa prise de possession jusqu'au jour de sa dépossession ; sçavoir à l'égard du Grenier de Paris sur le pied fixé par la Declaration du deux Decembre 1704, & pour le Grenier de Poissy suivant les conventions particulieres des Commises, sans qu'ils en puissent diminuer ni retenir aucune chose : Et pour faciliter le payement de ce qui est dû par ledit Sommé, ordonne que le quartier d'avance qu'il a payé audit Mottet sera aussi par luy payé & remis audit Gigon ; à quoy faire lesdits Mottet, Sommé & Fortin & leurs Cautions seront chacun à leur égard contraints solidairement trois jours aprés la signification du present Arrest par les voies & ainsi qu'il est accoutumé pour les deniers & affaires de Sa Majesté, moyennant quoy ils en demeureront bien & valablement quittes & déchargez ; & seront les Baux

& Arriere-Baux des Provinces executez par ledit Gigon, pour lesdites deux années restantes du Bail dudit Mottet, à la charge par les Fermiers de satisfaire à iceux. Fait Sa Majesté deffenses aux Sous-Fermiers des Regrats des Greniers limitrophes de celuy de Paris, & à toutes autres personnes, d'y apporter ou faire apporter des Sels pour les revendre dans l'étenduë dudit Grenier de Paris; & aux Gabellans, d'en acheter; ni d'en lever ou faire lever des autres Greniers, à peine de confiscation des Sels, Chevaux, Charettes & autres Voitures, & de trois cens livres d'amende; & en cas de recidive, outre les peines cy-dessus, d'estre les Particuliers qui apporteront ledit Sel pour le revendre & debiter, poursuivis & condamnez comme Faux-Sauniers suivant l'Ordonnance de 1680. Fait pareillement Sa Majesté deffenses à toutes personnes de quelques qualitez qu'elles soient, de lever ou faire lever du Sel dans les Greniers sous des noms supposez, ny de déguiser leurs noms, qualitez & demeures; comme aussi de partager le Sel qu'ils auront levé ailleurs qu'à la porte du Grenier & en d'autres portions que celles reglées par l'Ordonnance de 1680. & la Déclaration du mois de Decembre 1704. le tout à peine de confiscation & de trois cens livres d'amende, & sans que lesdites peines puissent estre reduites ny moderées: Enjoint Sa Majesté aux Officiers du Grenier à Sel de Paris, de faire délivrer les Sels que ledit Gigon voudra faire lever pour l'exploitation de ladite Ferme, de le mettre en possession d'icelle, & recevoir le Serment des Commis qui y seront employez; & sans qu'ils puissent pretendre d'autre enregistrement ni droit de prestation de serment, que ceux qui leur ont esté payez par ledit Fortin, ni aucuns autres salaires, vacations & frais, attendu l'inexecution de son Traité, à peine de concussion. Et sera le present Arrest executé nonobstant oppositions ou appellations quelconques, dont si aucunes interviennent, Sa Majesté s'est reservé la connoissance, & icelle interdite à toutes Cours & autres Juges. Fait au Conseil d'Etat du Roy tenu à Versailles le dixiéme jour de Fevrier mil sept cens cinq. Collationné avec paraphe. Signé, GOUJON, avec paraphe.

EDIT DU ROY,

Donné à Versailles au mois de May 1705.

Portant Suppression des Receveurs des petites Gabelles,

Registré en la Cour des Aydes le trente Juillet audit an.

LOUIS par la grace de Dieu Roy de France & de Navarre : A tous presens & à venir, Salut. Par nostre Edit du mois d'Octobre 1704. Nous avons crée en titre d'Offices des Receveurs des petites Gabelles & Distributeurs du Sel dans l'étenduë du Ressort du Grenier à Sel de nostre bonne Ville de Paris, ausquels Offices Nous avons attribué les droits de Regrat; & par nostre Declaration du deux Decembre audit an, Nous avons ordonné qu'à l'avenir, à commencer du premier Janvier 1705. le Sel ne seroit plus revendu dans l'étenduë dudit Grenier de Paris, qu'aux Poids & Balances seulement; sçavoir, à la Livre, à la Demie-Livre, au Quarteron, au Demi-Quarteron & à l'Once, à raison de quatorze sols la Livre, en la maniere portée par nostre Declaration du 14. Aoust 1703. ayant pour cet effet abrogé l'usage de toutes sortes de Mesures dans l'étenduë dudit Grenier de Paris seulement, & derogé à l'Article II. du Titre IX. de nostre Ordonnance du mois de May 1680. En ajoustant en tant que de besoin à la disposition de l'Article premier du Titre VI. de la mesme Ordonnance, qui défend de partager le Minot de Sel qui est levé audit Grenier, Nous aurions ordonné que chacun des contrevenans audit Article fussent condamnez, outre la confiscation des Sels, en une amende de trois cens livres, laquelle ne pourroit estre remise ny moderée par nos Juges, à peine d'en repondre en leurs propres & privez noms : Voulans que pour tenir lieu ausdits Officiers de trois deniers d'augmentation sur le Litron & le Demi-Litron, qui leur sont attribuez par nostredit Edit du mois d'Octobre, ils perçoivent par augmentation trois deniers sur la Livre & la Demie-

Livre : Desquels Offices ayant par Resultat de nostre Conseil du deux Decembre dernier, traité avec Jacques Fortin à la remise du sixiéme en dedans & de deux sols pour livre en dehors, René Gigon auroit fait proposer en nostre Conseil de supprimer lesdits Offices, & qu'au lieu qu'il ne revenoit en nostre Tresor Royal que onze cens soixante-six mil six cens soixante-six livres treize sols quatre deniers dudit Traité, pour une alienation & attribution à perpetuité desdits droits, il offroit d'en payer treize cens mil livres sans aucune remise ; & trois cens vingt mil livres de ferme par chacun an de la Ferme Generale des Regrats des Provinces, pour en joüir pendant douze années, qui ont commencé au premier Octobre dernier, aprés lesquelles expirées, ladite Ferme demeureroit réünie de plein droit à nostre Ferme Generale des Gabelles : Lesquelles propositions ayant esté par Nous acceptées, Nous aurions par Resultat de nostre Conseil du dix Fevrier, fait Bail audit Gigon, pour en joüir durant ledit temps de douze années, aux conditions y énoncées ; en sorte que lesdits Offices demeurent à present sans fonctions : pourquoy Nous avons resolu de les supprimer, & en mesme temps de renouveller l'execution de nos Ordonnances, Edits, Declarations & Arrests pour le rétablissement de la Ferme des Regrats. A CES CAUSES & autres à ce Nous mouvant, de nostre certaine science, pleine puissance & autorité Royale, Nous avons par le present Edit éteint & supprimé, éteignons & supprimons lesdits Offices de Receveurs des petites Gabelles & Distributeurs du Sel par Regrat, créez par nostredit Edit du mois d'Octobre 1704. & en consequence avons revoqué & annullé, revoquons & annullons le Traité qui en avoit esté fait à Jacques Fortin par Resultat de nostre Conseil du deux Decembre ensuivant : Voulons que les droits de petites Gabelles & de Regrat soient perçûs à nostre profit en la maniere portée par nostre Declaration du 14. Aoust 1703. & par nos Edit du mois d'Octobre & Declaration du 2. Decembre 1704. & que le Resultat en forme de Bail cy-attaché sous le contre-scel des Presentes, que Nous avons fait à René Gigon, de la Ferme Generale des Regrats des Gabelles de France pour douze années, qui ont commencé au premier Octobre 1704. soit executé selon sa forme & teneur; & pour cet effet, Nous avons en tant que de besoin confirmé, ratifié & approuvé ledit Bail, pour en joüir par ledit Gigon dudit jour, tant dans l'étenduë du Grenier à Sel de Paris, que dans les Provinces dependantes de nostredite Ferme Generale des Gabelles, conformément à nos Ordonnances & Declarations des 6. Juin 1685. & 25. Novembre 1687. à nos Edits des mois de Mars & Septembre 1696. & à nostre Declaration du 14. Aoust 1703. & encore conformément à nostredit Edit du mois d'Octobre & à nostredite Declaration du 2. Decembre 1704. qui seront aussi executez selon leur forme & teneur, & conformément à l'Arrest de nostre Conseil du 10. Fevrier 1705. Faisons défenses aux Fermiers des Regrats des Greniers Limitrophes de celuy de Paris, & à tous autres personnes, d'y apporter ou faire apporter des Sels pour les revendre dans l'étenduë dudit Grenier de Paris, & aux Gabelans d'en acheter, ni d'enlever ou faire lever des autres Greniers, à Peine de confiscation des Sels, chevaux, charretes & autres voitures & de trois cens livres d'amende; & en cas de recidive, outre les peines cy-dessus, d'estre les particuliers qui apporteront ledit Sel pour le revendre ou debiter, poursuivis & condamnez comme Faux-Sauniers, suivant nostre Ordonnance de 1680. Faisons pareillement défenses à toutes personnes de quelque qualité qu'elles soient de lever ou faire lever du Sel dans les Greniers sous des noms supposez, & de déguiser leurs noms, qualitez, & demeures; comme aussi de partager le Sel qu'ils auront levé ailleurs qu'à la porte du Grenier, & en d'autres portions que celles reglées par nostre Ordonnance de 1680. & par nostre Declaration du 2. Decembre 1704. à peine de confiscation & de trois cens livres d'amende, & sans que lesdites peines puissent estre reduites ny moderées: Ordonnons en outre que les Arrests de nostre Conseil des 11. Octobre & 22. Novembre 1704. seront executez selon leur forme & teneur; & en consequence, Voulons que les particuliers contrevenans à nos Ordonnances & Declarations qui auront esté condamnez aux amendes portées par icelles, ne puissent estre reçûs appellans par nos Cours des Aydes des Jugemens qui seront contre eux rendus par les Officiers des Greniers, qu'aprés avoir consigné par provision és mains dudit Gigon, ses sous-Fermiers, Procureurs ou Commis, les amendes ausquelles ils auront esté condamnez, sauf ausdites Cours lors du Jugement desdites appellations de faire droit aux parties, ainsi qu'il appartiendra : Voulons au surplus que conformement à nosdites Ordonnances & Edits, ledit Gigon, ses Sous-Fermiers, Commis & Préposez, joüissent des privileges & exemptions à eux attribuez par iceux, mesme qu'ils joüissent eux & leurs enfans de l'exemption de la Milice, & qu'ils ne puissent estre augmentez à la Capitation pour raison desdites Fermes, & joüissent des autres privileges que Nous avions accordez aux Receveurs des petites Gabelles presentement supprimez par nostre Edit du mois d'Octobre dernier. Si donnons en mandement à nos amez & feaux Conseillers, les Gens tenant nostre Cour des Aydes à Paris, que le present Edit ils ayent à faire lire, publier & registrer, & le contenu en iceluy garder & observer de point en point selon sa forme & teneur, nonobstant tous Edits, Declarations, Ordonnances, & autres choses à ce contraires, ausquels Nous avons derogé & derogeons par le present Edit, aux copies duquel collationnées par l'un de nos amez & feaux Conseillers-Secretaires, Voulons que foy soit adjoûtée comme à l'Original : Car tel est nostre plaisir ; Et afin que ce soit chose ferme & stable à toûjours, Nous y avons fait mettre nostre Scel. Donné à Versailles au mois de May, l'an de grace mil sept cens cinq ; Et de nostre Regne le soixante-troisiéme. Signé, LOUIS ; *Et plus bas*, par le Roy, Phelypeaux. *Visa*, Phelipeaux. Veu au Conseil, Chamillart. Et scellé du grand Sceau de cire verte, en lacs de soye rouge & verte.

Registrées en la Cour des Aydes, oüi, & ce requerant le Procureur General du Roy, pour estre executées selon leur forme & teneur : & ordonné que Copies collationnées des presentes Lettres en seront incessamment envoyées és Sieges des Greniers à Sel du Ressort de ladite

Cour, pour y estre leuës, publiées, & registrées, l'Audience tenant: Enjoint aux Substituts dudit Procureur General d'y tenir la main, & de certifier la Cour au mois. A Paris les Chambres assemblées le trente Juillet mil sept cens cinq. Signé, Robert.

Collationné aux Originaux par Nous Conseiller-Secretaire du Roy, Maison, Couronne de France & de ses Finances.

PRIVILEGES ET EXEMPTIONS accordées par Sa Majesté aux Commis, Preposez & Distributrices du Sel, de la Ferme Generale des Regrats.

SUIVANT l'Edit du mois de Mars 1696. & autres suivans, Sa Majesté permet aux Commis, Preposez & Distributrices de vendre & debiter avec le Sel toutes sortes de Denrées & Marchandises, à l'exception des Salines en gros. Ils ne sont tenus à aucune Maitrise ni Reception, ni au Droit Royal, Domanial, Arts & Métiers ou autres.

Sa Majesté les exempte de Tutelle, Curatelle, Assiette & Collecte des Deniers Royaux, & autres Charges publiques de quelque nature qu'elles soient; mesme de Logemens de Gens de Guerre passans, tenans Garnison ou Quartier d'hyver, Subsistance, Ustancile, Contrainte solidaire pour Deniers Royaux & autres; Et deffend de les imposer à la Taille à plus grande somme qu'ils portoient avant leur Commission, sinon au sol la livre des Cruës & Augmentations. *Folio* 13. *&* 15.

L'Arrest du vingt-trois Février 1704. décharge une Commise d'une somme de soixante livres, à laquelle elle a esté imposée au Rôlle des Tailles. *Fol.* 27.

L'Edit du mois d'Octobre 1704, outre les Privileges cy-dessus énoncez, les exempte de la Nomination à la Milice, sans pouvoir estre augmentez à la Capitation. *Fol.* 31.

Et celuy du mois de May 1705, en confirmant les Edits, Declarations & Arrests cy-dessus dattez, ordonne l'Exemption de la Milice, tant pour eux, que pour leurs Enfans.

www.ingramcontent.com/pod-product-compliance
Ingram Content Group UK Ltd.
Pitfield, Milton Keynes, MK11 3LW, UK
UKHW022146170726
13837UKWH00004B/1815